Un demi-siècle de showbiz au Québec

**Collection «Je me souviens»
dirigée par Pierrette Beaudoin**

Philippe Laframboise

Un demi-siècle de showbiz au Québec

Les Éditions

LOGIQUES

LOGIQUES est une maison d'édition reconnue par les organismes d'État responsables de la culture et des communications.

Révision linguistique: Corinne de Vailly, Claire Morasse
Mise en pages: Édiscript enr.
Graphisme de la couverture: Christian Campana
Photos: collection personnelle de Philippe Laframboise

Distribution au Canada:
Logidisque inc., 1225, rue de Condé, Montréal (Québec) H3K 2E4
Téléphone: (514) 933-2225 • Télécopieur: (514) 933-2182

Distribution en France:
Librairie du Québec, 30, rue Gay-Lussac, 75005 Paris
Téléphone: (33) 1 43 54 49 02 • Télécopieur: (33) 1 43 54 39 15

Distribution en Belgique:
Diffusion Vander, avenue des Volontaires, 321, B-1150 Bruxelles
Téléphone: (32-2) 762-9804 • Télécopieur: (32-2) 762-0662

Distribution en Suisse:
Diffusion Transat s.a., route des Jeunes, 4 ter C.P. 1210, 1211 Genève 26
Téléphone: (022) 342-7740 • Télécopieur: (022) 343-4646

Les Éditions LOGIQUES
1247, rue de Condé, Montréal (Québec) H3K 2E4
Téléphone: (514) 933-2225 • Télécopieur: (514) 933-3949
Site Web: http://www.logique.com

Les Éditions LOGIQUES / Bureau de Paris
Téléphone: (33) 3 44 22 63 64 • Télécopieur: (33) 3 44 22 45 52

Un demi-siècle de showbiz au Québec

© Les Éditions LOGIQUES inc., 1997
Dépôt légal: Premier trimestre 1997
Bibliothèque nationale du Québec
Bibliothèque nationale du Canada

ISBN 2-89381-435-2
LX-534

À Jacques Normand
... l'unique, au nom de
tous ceux qui, comme moi,
l'ont tout d'abord admiré,
avant de beaucoup l'aimer,
au point de ne jamais l'ou-
blier.

Table des matières

Le théâtre est né de l'Église;
elle ne le lui pardonnera jamais.
Jalousie de métier.

Sacha Guitry

Avertissement

ON INTENTION PREMIÈRE, en imaginant ce livre, était de présenter un album-souvenir et non pas de faire un ouvrage encyclopédique. Il s'agit donc d'un survol des personnages les plus représentatifs des disciplines abordées. De là, inévitablement, quelques oublis et certaines abstentions dont on voudra bien m'excuser.

Préface

PHIL, c'est comme ça que je l'ai toujours appelé, et c'est comme ça que j'ai toujours entendu parler de lui. Phil... pour Philippe. Laframboise pour bien identifier de qui il s'agit. Car ce Phil-là est unique. Il est à lui seul une véritable petite encyclopédie non seulement du showbiz québécois, mais de tout ce qui se rapporte de près ou de loin au monde du spectacle et aux artistes eux-mêmes.

Phil Laframboise est un nom qui est revenu souvent, de chronique en chronique, dans les pages de *Radio-Monde* et de *Télé-Radiomonde*. Il a aussi été recherchiste, conseiller et consultant tant pour la télévision que pour la radio. Il exerce toujours son métier et toujours, me semble-t-il, avec la même passion. C'est que Phil Laframboise aime ce qu'il fait mais, par-dessus tout, il aime ceux dont il parle, et qu'il veut faire connaître. Et, aussi paradoxal que cela puisse paraître, il le fait avec une discrétion qui l'honore. Un journaliste discret? Un journaliste qui a du tact, disons.

Laframboise écrit à sa façon: simple, directe, mais colorée. Son livre est plein d'atmosphère. Un livre de référence, certes, mais un livre que les gens du métier et le public liront avec bonheur, car il a été écrit pour eux par un homme qui les aime pour ce qu'ils sont et qui, à sa façon, de livres en chroniques et en recherches, ne cesse de le leur témoigner.

Serge Turgeon

Showbiz

S HOWBIZ!
Mot magique… qui — entre le crépuscule et
l'aube — nargue la réalité en forgeant de la fée-
rie au quotidien, en se jouant des fantômes, des dées-
ses et des sorciers.

Ombre et lumière.

Showbiz!

Mot qui chante.

Mot qui danse.

Pour s'allumer et s'éteindre comme les bulles de
savon des jeux enfantins… et qui sent la poudre de riz,
le fard, le carmin et le flacon d'odeur à bon marché.

Masques et poussières des coulisses.

Cancan, grand écart et *tap-dance*.

Showbiz!

Mot qui évoque les plumes, le strass, les éventails
sous les feux des projecteurs en folie, au son des cui-
vres, des archets et de la grosse caisse.

Paillettes multicolores et chaussons de satin rose.

Postiches et faux-culs.

Illusions et carton-pâte.

Showbiz!

Mot qui éclate et scintille dans l'inventive abon-
dance de sa modernité.

Mot moderne, il va sans dire, puisque, en 1900, au tout début de ce siècle naissant, saltimbanques et amuseurs publics en ignoraient même l'éventuelle et importante existence. L'influence américaine ne les ayant pas encore atteints, artistes et artisans conservaient leur habitude première, soit celle d'offrir des séances, de donner des représentations, de faire des numéros, de présenter des divertissements, d'organiser des veillées ou des p'tits bals à l'huile.

Le lieu d'attractions le plus fréquenté à la fin du XIXe comme au début du XXe siècle demeure, sans contredit, le parc Sohmer. Situé au bord du fleuve, à l'extrémité est de l'île montréalaise, il attirait tous les publics. À bord du traversier alors en usage, certains nouveaux mariés de la Rive-Sud y venaient en voyage de noces.

On s'y rendait de partout pour entendre la musique de John Philip Sousa, le roi de la marche militaire, les musiciens du chef d'orchestre Ernest Lavigne, des chanteurs d'opéra, des folkloristes et des interprètes de chansons populaires et comiques. Le parc Sohmer présentait aussi des combats de lutte et de boxe, des acrobates, des hommes forts, et quoi encore? Un peu de tout et pour tous les goûts. À la fin de son règne, ce parc a été remplacé, d'une façon un peu plus modeste, par le parc Dominion, qui devint le rendez-vous des adeptes des années 30.

La belle époque fut celle de 1900, une époque de paix, d'insouciance et de joie de vivre. Celle des guimpes et des jabots de dentelle, des monocles, des hauts-de-forme, des fiacres et des réverbères à gaz. Celle aussi des romances parfumées à la violette, de la polka et de la matchiche (danse brésilienne). Chants et danses de 1900 que l'on fredonne encore et qui donnent toujours envie de valser et de tourbillonner: *Je t'ai rencontré simplement...*

En 1900, la radio, le disque phonographique, le cinéma et la télévision représentent encore de belles promesses, en voie de réalisation pour les uns, mais pure fumisterie pour les autres. Et pourtant...

Le peuple du Québec trouve quand même les moyens de festoyer, de se distraire et d'assister à des spectacles à l'occasion. À Montréal, aux alentours de la rue Sainte-Catherine, les salles se multiplient, offrant tous les genres de programmes, où les variétés et le vaudeville sont souvent à l'honneur. Chacune affiche ses propres vedettes. Quant aux autres artistes, moins reconnus ceux-là, ils se produisent dans des cercles sociaux et dans de nombreuses salles paroissiales.

Au cours de ce demi-siècle, que nous situons de 1900 à 1952, les initiatives les plus hasardeuses tout comme les réalisations les plus fabuleuses écrivent à l'encre indélébile les admirables chapitres de la grande comme de la petite histoire du showbiz québécois.

1900 • Julien Daoust, homme de théâtre averti, fonde le Théâtre National, première salle de théâtre vraiment française en notre ville. Trente-sept ans plus tard, elle devient le fief de Rose Ouellette, dite La Poune.

1906 • J.-Ernest Ouimet inaugure son Ouimet-O-Scope, premier cinéma permanent en Amérique du Nord, avec un appareil de son invention et des films qu'il tourne lui-même. Il lancera ainsi la vogue des «scopes»: Nationascope, Readscope, etc.

1907 • Eugène Lassalle fonde le conservatoire qui porte encore son nom.

1911 • Formation de la *Montreal Opera Company* qui présente ses «Délices artistiques» au cours de saisons complètes de grand opéra.

1914 • Louis Hémon publie *Maria Chapdelaine*.

1921 • Conrad Gauthier, folkloriste réputé, lance ses *Veillées du bon vieux temps* sur la scène du Monument National. La firme de disques Columbia invite plusieurs de nos artistes à venir enregistrer dans ses studios de New York.

1922 • Début de la radio avec l'ouverture de CKAC.

1927 • Incendie du théâtre Laurier Palace, rue Sainte-Catherine Est, à Montréal: 78 enfants perdent la vie.

- Première et unique visite au Québec de Sacha Guitry. Auprès de lui, Yvonne Printemps triomphe dans *Mozart*, pièce musicale écrite pour elle par son mari, le musicien Reynaldo Hahn.
- Début du cinéma parlant et du microphone électrique.

1928 • Charles Goulet fonde la chorale des Disciples de Massenet.

1929 • Révélation et triomphe de Madame Édouard Bolduc, dite La Bolduc.

1930 • Création du Trio lyrique.
- Honoré Vaillancourt se retrouve à la tête de la Société canadienne d'opérette.

1931 • Premiers essais de la télévision à Montréal.

1932 • Cette année-là, Montréal compte:
57 cinémas   59 044 sièges
3 théâtres 2 675 sièges
5 salles: L'Auditorium du Plateau, La Palestre nationale, etc.
Total: 65 lieux de diffusion, 61 719 sièges, pour une population de 1 127 949 habitants.
- En seulement une année, le film parlant français enlève plusieurs salles au cinéma américain.

1933 • J.-A. DeSève fonde la compagnie France-Film.

1934 • CHLP-La Patrie s'installe sur nos ondes radiophoniques.

1936 • Inauguration de la radio d'État CBF.

• Charles Goulet et Lionel Daunais lancent leurs Variétés lyriques.

1937 • Fondation de la Fédération des artistes de la radio, devenue plus tard l'Union des Artistes.

1938 • Premières *Fridolinades* de Gratien Gélinas.

1940 • Grand essor de la chanson et du disque québécois.

1942 • Avènement de deux phénomènes: Alys Robi et le Soldat Lebrun.

1945 • Révélation d'un nouveau cinéma.

1946 • CKVL révolutionne notre radio.

• Le ténor Gustave Longtin dote la rue de la Montagne d'un établissement très sélect: *Le Quartier latin*.

1947 • Retour des grandes vedettes françaises: Chevalier, Boyer, Rossi…

• Le western avec Willie Lamothe.

1948 • Édith Piaf et les Compagnons de la chanson au Monument National.

• Ouverture à Québec du restaurant-cabaret Chez Gérard.

• Grande époque du Faisan doré.

1950 • Félix Leclerc.

Raconter un demi-siècle d'activités et de réalisations artistiques dans un volume comme celui-ci, était-ce vraiment possible?

Sûrement.

Il fallait cependant, au départ, nous éloigner de la rigide nomenclature encyclopédique afin de nous orienter plutôt vers la formule de l'album de photos-souvenirs. Celui qui rejoint les parfums du passé et que l'on feuillette parfois avec le sourire, mais le plus souvent au gré de la nostalgie en se disant des choses telles que:

— Hé! Je le reconnais, lui, charmeur par excellence!

— Tiens, celle-là, j'avais oublié son nom. Elle possédait une si jolie voix!

— Ce fou-là nous a fait tellement rire!

Voilà qui est fait.

Showbiz!

Showbiz et *showtime…*

RIDEAU !

Les rois du rire

DEUX MASQUES EMBLÉMATIQUES symbolisent l'expression scénique: celui de la tragédie et celui de la comédie.

Depuis toujours, le premier a largement exercé le pouvoir de sa «supériorité» sur l'autre. Que de Racine, Corneille, Shakespeare, Claudel... pour un seul Molière et un bien spirituel Guitry. Victoire perpétuelle des larmes sur le rire: Hamlet versus Chaplin.

En littérature, qu'elle soit livresque, théâtrale, radiophonique, cinématographique, ou autre, auteurs dramatiques et écrivains spécialisés formeront une armée sans cesse plus puissante que le petit noyau de fabricants de rires. Tout simplement, parce qu'il semble — sans doute parce que l'existence de chacun et la vie de tous les jours inspirent davantage le drame — que l'art de faire jaillir les larmes se révèle plus facile, donc plus accessible, que celui de provoquer le rire.

Auteur spirituel et boulevardier, SACHA se plaisait à fournir à cela l'explication suivante: «On peut pleurer pendant deux jours; on ne peut pas rire pendant deux heures. Dame, ce sont les autres qui nous font rire, tandis que c'est sur soi que l'on pleure.»

Pour émouvoir les cœurs tendres et les âmes sensibles, les mêmes éléments dramatiques composent irrémédiablement la recette: la fiancée lâchement trahie, la vieille maman abandonnée, la mort subite de l'époux bien-aimé, le décès en couches d'une jeune maman, le viol outrageux d'une orpheline égarée, la perte accidentelle d'un fils ou d'une fille unique, un père ivrogne et meurtrier, une fille-mère injustement châtiée, une femme battue, une déception amoureuse, un petit cercueil blanc…

À cet égard, films et chansons, devenus dans certains cas des incontournables, se réveillent soudain dans la mémoire collective: *La légende des flots bleus*, *L'hirondelle du faubourg*, *L'enfant de la misère*, *Sony Boy*, *Les roses blanches*, *Les deux gosses*, *Sans famille*, *Les deux gamines*, *La porteuse de pain*… Sans omettre, bien sûr, le martyre de la pauvre petite Aurore. Et que dire, en fin de compte, de ces deux immortels classiques: *Les misérables*, de Victor Hugo et *La dame aux camélias*, de Alexandre Dumas, fils? Recette on ne peut plus efficace et si génialement apprêtée par ces auteurs passés à l'histoire.

En revanche, et en toute justice pour le masque de la comédie, tenter de dresser une liste des chansons et des films qui nous ont fait rire à gorge déployée deviendrait une utopie pure et simple. Ne jamais confondre le rire et le sourire, jugé en tout temps tellement plus efficace.

Il n'existerait donc pas de recette toute faite pour déclencher le mécanisme du RIRE, chaque comique développant la sienne. Car, ne devient pas comique qui veut. Il faut, au départ, naître avec une nature comique puisqu'il n'y a, à cette époque, ni école ni professeur pour façonner ces espèces rares. C'était une question de présence. La place du comique ne devait pas dépasser la rampe de la scène, son efficacité résidant dans sa présence gestuelle et visuelle. Si nos grands comiques n'ont jamais été d'importants vendeurs de disques, à l'écran, la plupart n'ont fait — tel un De Funès — que répéter et grossir leurs tics et leurs grimaces. Heureusement, depuis le début du XVIIe siècle, les marchands du rire ont eu droit de cité auprès de tous les tragédiens du monde. Issue de l'Italie, c'est à cette époque que la *commedia dell'arte* — théâtre d'improvisation — fait son entrée en France. Mais c'est vraiment en Angleterre que sont nés les burlesques qui feront par la suite les beaux jours du music-hall. À Londres, un dénommé Asthley fut l'initiateur du cirque moderne et du spectacle de variétés vers 1770. Mais c'est son compatriote, Charles Morton, qui institua la formule du music-hall en 1848, dans une ancienne taverne du quartier de Lambeth, Canterbury Arms. Cette salle de 700 places, le célèbre Canterbury Hall, fut la première «usine à plaisirs» à favoriser la présence du public féminin.

Plus près de nous, aux États-Unis, monsieur Minsky a été le premier producteur à présenter, vers 1870, des spectacles de burlesque à la suite, assurément, du succès des établissements anglais. Ainsi, pour simplifier le tout, on n'affichera plus «les burlesques», mais bel et bien LE BURLESQUE.

Sur les petites estrades de bars et de *saloons*, se succédaient des numéros très libres chantés et dansés par les *girls* et d'un goût souvent douteux. On y présentait aussi des acrobates, des jongleurs et autres attractions du genre, mais d'abord et avant tout, des comédiens qui devaient faire preuve d'un talent d'improvisateur en témoignant de leur sens du rythme (*timing*). Ces spectacles de tendance généralement vulgaire — voire indécente — attiraient surtout un public composé d'hommes et aussi de quelques femmes galantes. Avant de se transformer et de suivre l'exemple de la comédie américaine, le burlesque modifia peu à peu sa formule pour plaire à des auditoires en pleine évolution. Des artistes talentueux devenus par la suite des vedettes du grand et du petit écran y firent leurs premières armes: Al Jolson, Fanny Brice, Jackie Gleason, Red Skelton…

Bien avant la guerre de 1914, quelques scènes montréalaises, dont le Théâtre Royal de la rue Côté, reçurent plusieurs troupes américaines consacrées au burlesque, alors en tournée à travers l'Amérique du Nord. Elles firent école pour les adeptes et les doués du genre qui ne devaient pas tarder à adapter à la québécoise les sketches et les numéros reconnus par la suite comme les classiques de notre propre burlesque. À même les répertoires anglais et américain, les nôtres accumulèrent des «coffrets de sûreté» dans une banque bien garnie où puisèrent les uns et les autres en y greffant leur touche personnelle. On travaillait alors d'après un canevas de base selon les indications du directeur de la troupe. Par exemple:

- La scène se passe dans une cuisine à l'heure du souper. La mère est enceinte; le père est un ivrogne; la fille fait la guidoune; le voisin est un escroc... Toi, tu vas faire la mère, toi, la fille... toi, l'ivrogne... moi, l'escroc... Ça commence ainsi et ça doit finir comme cela. Il ne faut surtout pas rater le punch qui est...

Dès lors, chacun devait caractériser son personnage avec un costume, une perruque, un accessoire, un patois, un accent... Il s'agissait d'aller chercher (terme alors utilisé) le plus grand nombre de rires d'une réplique à l'autre, d'un geste et d'un mouvement à l'emporte-pièce.

Ainsi, sans texte, ces champions du *ad lib* pouvaient sans faillir et sur un rythme endiablé «faire du temps», comme on le disait, pendant 15, 30, 50 minutes ou plus. Telle était la puissance de leur ingéniosité! Leur genre de comédie, on ne saurait le nier, dépassait de beaucoup les bornes d'une quelconque spécialité en accédant aux rouages et aux mécanismes d'un authentique métier. C'est pourquoi un grand nombre de comédiens, pourtant chevronnés, ne parvinrent jamais à se plier à pareille et si exigeante discipline.

Les heures de gloire de ces reines et rois du rire naviguent aux alentours des années 20, 30 et 40. Toute une population éprouvait le besoin de rire en leur compagnie afin d'oublier la guerre, la grippe espagnole, la crise économique mondiale de 1929. Elle venait les applaudir dans toutes ces salles qui leur étaient assignées: Le King Edward, Le Starland, Le Midway, le Théâtre Royal, La Lune rousse, Le Casino, L'Arcade, Le National, Le Caméo, Le Crystal... de Montréal, ainsi que L'Arlequin, Le Princess, L'Impérial de Québec, de même que Le Français et Le Laurier d'Ottawa.

Les uns et les autres jouaient, cabotinaient et rigolaient dans d'autres lieux aussi propices que les cercles, les salles paroissiales, les soubassements d'église ou autres, dans les grandes cités et dans les régions.

Nos rois du rire furent très nombreux. Trop nombreux pour figurer tous ensemble dans notre «galerie» photographique. L'important n'est-il pas de nous souvenir qu'ils ont existé pour le meilleur comme pour le pire!

TI-ZOUNE

Tel était le drôle de pseudonyme d'Olivier Guimond père, unanimement considéré comme le COMIQUE NUMÉRO UN du Canada bilingue. Il fut et demeure le ROI de tous nos rois du rire. Chanteur, danseur et mime, de style américain, sa présence en scène n'avait rien de comparable, car le public croulait de rire dès qu'il apparaissait. Quand il jouait son «tapissier», par exemple, sans dire un seul mot, il parvenait à faire se «plier en deux» tous les spectateurs d'une salle électrisée par une prestation jamais égalée depuis son règne exceptionnel.

Écossaise d'origine, Effie Mack (pour Mc Donald) dansait à Pembroke (Ontario) quand elle fit la connaissance de son mari, Olivier Guimond, qui se produisait alors avec les Marx Brothers. Le couple ci-haut n'eut qu'un seul enfant, Olivier junior. Quand il naquit, en 1914, Effie avait 17 ans, et Ti-Zoune, lui, en avait 20.

OLIVIER GUIMOND

Tel père, tel fils. C'est pourtant contre la volonté de son célèbre papa que Junior débuta dans le métier, en devenant à son tour le plus important comique de son temps.

Si une photo vaut mille mots, celle-là, alors?

GUIMOND-DESMARTEAUX

Paul Desmarteaux, tout comme Denis Drouin, fut pour Olivier Guimond un faire-valoir (en France, on dit un «serveur de soupe») on ne peut plus efficace. C'était en quelque sorte le résultat heureux d'une très longue amitié mise au service d'un métier fait pour eux.

ROSE OUELLETTE
(La Poune)

Tout a été dit et écrit depuis la disparition, à l'été 1996, de ce petit bout de femme qui fit rire «son» public pendant 75 ans. Cas et carrière vraiment exceptionnels, qui ne pourront jamais plus ni s'inventer ni se répéter. Il ne faut pas oublier le courage, le talent, le dynamisme, la détermination de cette femme partie de rien et qui osa devenir une comique à une époque où les femmes et les gens de théâtre étaient fort mal jugés par les bien-pensants. D'autant

plus qu'elle s'affichait sous le pseudonyme de «Casserole». C'est Ti-Zoune, au Théâtre Impérial de Québec, qui la nomma La Poune, afin d'établir une certaine rime: Ti-Zoune — La Poune; ce truc fort amusant ne pouvait rater sur la même affiche.

37

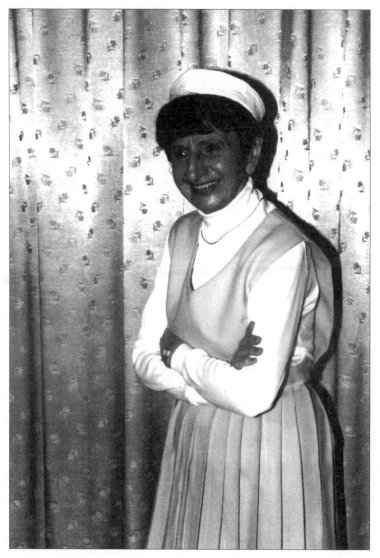

Rose Ouellette fut la première femme à devenir directrice de deux théâtres: le Cartier (1928-1936) et le National (1936-1953); oui, la première femme en Amérique du Nord.

GLOIRE À SON SOUVENIR!

ARTHUR PÉTRIE

Arthur Pétrie ne fut pas un simple exécutant, mais un chef de file, un innovateur, un directeur de troupe. Il fit débuter sa femme, Juliette, et découvrit, en Ontario, un inconnu qui devint le grand Ti-Zoune Guimond.

C'est dans ma série Télé-Surprise *à* Télé-Métropole *(1962) que Juliette Pétrie accepta de nous rappeler Mistinguett, personnage créé à la scène. Son* boy: *le sympathique Georges Leduc.*

Reine d'une revue de la troupe d'Arthur Pétrie, présentée sur la scène du King Edward, de la rue Saint-Laurent, la jeune Juliette Pétrie brille parmi ses camarades et la traditionnelle ligne des chorus girls.

JULIETTE PÉTRIE...

dans toute sa splendeur. Elle avait beaucoup de panache et des toilettes de grand style. Elle pouvait jouer tous les rôles et sa façon bien personnelle de se mouvoir et de parler fit école. Elle et Rose Ouellette ont formé un duo comique irremplaçable. Léo Rivest fut également un partenaire aussi efficace qu'agréable.

LÉO RIVEST

Chanteur, danseur, comédien... Le cher Léo fit partie de plusieurs troupes dont celle de La Poune. Il tourna donc inlassablement à travers le pays avec les Desmarteaux, Guimond, Grimaldi, avant de devenir, en fin de carrière, le partenaire idéal de Claude Blanchard. Léo Rivest fut un comique en dehors de toute pitrerie. Un très élégant gentleman, quoi!

JOSEPH ET MANDA

Manda — Marie-Jeanne Parent — a longtemps présenté son numéro comique en compagnie de Joseph Eugène Martel, de là, le fameux duo «Joseph et Manda». Élément comique d'incomparable dimension, elle n'eut jamais conscience, semble-t-il, de la valeur de son talent. Elle brûlait les planches en les survolant. Quelle présence et quel timing! Timide, humble, réservée, elle pouvait émouvoir aussi, notamment dans les films de Jean-Claude Lord.

43

JEAN GRIMALDI

Chanteur, comédien, auteur, directeur de théâtre et directeur de tournées, ce Corse de naissance a joué un rôle primordial au sein de notre showbiz provincial. Surnommé — non sans raison — le PAPA des artistes, sans lui, beaucoup d'entre eux auraient sombré dans l'anonymat le plus complet. Cet homme aussi audacieux que convaincu ne vivait que pour ce métier qu'il servit passionnément, sans relâche, avec un acharnement illimité et inimitable.

Monsieur Jean Grimaldi, vous faites désormais partie de notre belle et grande HISTOIRE!

CAROLINE

Son nom véritable était Juliette Dargère, mais c'est sous le pseudonyme de Caroline qu'elle a connu une certaine popularité à la fin des années 20. Elle a joué notamment avec Marcel Dequoy alors qu'elle dirigeait le Théâtre français d'Ottawa. Ces photos, on ne peut plus révélatrices, datant de 1933, nous donnent un aperçu de son tempérament comique.

MACARONI

Tel fut l'original nom de théâtre du chanteur et comédien Omer Dupont, autre comique du passé.

CHARLIE BEAUCHAMP

... fit rire à son tour avec des personnages comme celui-là.

TEDDY BURNS GOULET

... fait aussi partie des héros de l'ère du burlesque. Spécialiste des accents étrangers, il fut très en demande à la radio pour interpréter des personnages de nationalité italienne, chinoise, etc.

*Elle s'appelait **BERTHA***

*... et lui **BOZO**.*

ALICE ALLARD

... fut également fort présente sur les scènes théâtrales des années 20 et 30.

PIERRE DESROSIERS

... fit partie, lui aussi, de la grande et riante époque des Pétrie et compagnie. Sa photo nous permet de le découvrir ou de le retrouver dans sa composition du père Ladébauche. Père du regretté Jacques (Patof) Desrosiers, il enregistra ses «discours électoraux» chez RCA Victor.

GASTON ST-JACQUES

Décédé à l'âge de 43 ans, ce chanteur, monologuiste et acteur de composition récolta, au cours de sa trop brève carrière, tous les succès. Aux Variétés lyriques, il fut un comique d'opérette de premier plan. Chez Columbia et Starr Gennett, ce grand fantaisiste a gravé plus d'une vingtaine de 78 tours de chansons comiques, dont Les c'nelles.

PAUL HÉBERT

Son nom mérite de figurer dans cette nomenclature des amuseurs publics de l'époque, car il était adulé par son auditoire et aimé de ses camarades. Sur disque RCA Victor, comme sur scène, il fut, entre autres, l'un des plus intéressants partenaires de Rose Ouellette.

MAURICE CASTEL
Théâtre National

... ou le physique de l'emploi.

PIZZY WIZZY

Cette photo de ce grand comique, dont le nom était Willie Rosenburg, fut prise sur la scène du théâtre Crystal de Montréal, en janvier 1942. La comédienne Marie-Jeanne Bélanger lui donnait la réplique.

OVILA LÉGARÉ

C'est surtout la radio qui révéla le talent humoristique de cet artiste bourré d'imagination. Ce raconteur d'histoires peu banales (Le ralliement du rire) *fut avant tout l'inventeur de la série* Nazaire et Barnabé *qui dérida la province tout entière pendant tant d'années. En plus d'écrire des textes d'une très efficace drôlerie, avec son camarade Georges Bouvier, il faisait vivre la vingtaine de personnages qu'il avait créés dont Ti-Clin, Casimir, Fulgence... Exploit jamais réédité depuis.*

MARCEL GAMACHE

Comme son camarade Légaré, il créa et fit vivre lui aussi des tas de personnages comme auteur et interprète. Comment ne pas nous souvenir de son légendaire Ti-Jean qui pleure, Ti-Jean qui rit?

ROLLAND BÉDARD

Celui que l'on avait sur-nommé le «Fernandel cana-dien» fut, à ses débuts, un fantaisiste et un chanteur comique. Comme tel, il fut la vedette de sa propre série radiophonique sur les ondes de CKAC. Son répertoire comprenait des succès de Fernandel, de Georges Milton, de Maurice Chevalier... *dont il enregistra plusieurs titres sous étiquette BlueBird. Son gros hit demeure naturellement* Petite fleur de la misère, *une sorte de parodie signée par Henri Letondal et Léo Lesieur.*

À plusieurs reprises, Rolland Bédard fut le partenaire de la grande petite Juliette Béliveau que l'on voit ici au micro d'une importante émission, devant public, pré-sentée par Bernard Goulet.

JUJU ET JULIETTE

Un duo de comiques vraiment irrésistible puisque formé par les deux Juliette... Béliveau et Huot.

Dès le premier coup d'œil, cette éloquente photo ne peut que nous faire sourire. Tout simplement parce qu'elle rappelle trois immenses talents, trois person-nalités hors pair, trois comiques admirables, et tant aimés. Honneur à vous, messieurs Berval, Guimond et Drouin!

PAUL BERVAL

... a vraiment imposé un style comique jusqu'alors inédit.

GILLES PELLERIN

Peu après Gratien Gélinas, et bien avant Yvon Deschamps, Gilles Pellerin a livré au public des monologues savoureux et combien hilarants... tous inspirés par son ami Roland et par la mère de ce dernier.

ERNEST LOISELLE
ET LUCILE TURNER

C'est la radio des années 30 qui devait réunir ces deux talents comiques pour en faire un duo exceptionnel. Dans le rôle d'un petit came-lot, Lucile Turner chantait: C'est un petit journal rose, avec des nouvelles dedans...

Tous les deux jouaient dans les opérettes, les revues et les comédies. Ernest Loiselle, pour sa part, a lancé plusieurs artistes alors qu'il présentait, sur les ondes de CKAC, sa populaire série Amateurs Black Horse. *Et l'un de ses plus typiques personnages fut, sans contredit, celui de DIDIME.*

GEORGES BOUVIER

Avec Ovila Légaré, il a donné voix aux désopilants personnages de la série radiophonique Nazaire et Barnabé.

OSWALD

C'est le ténor Omer Duranceau qui fit vivre le délicieux personnage d'OSWALD dit «En avant merche!»

ANDRÉ CARMEL
(Zézé)

En plus de faire partie de plusieurs troupes, il fut le partenaire de La Bolduc sur disque. Né Taillefer, c'est le grand-père paternel de Marie-Josée Taillefer-Simard.

J.-H. GERMAIN

Auteur de sketches comiques et chanteur. Comme pionnier, il a enregistré des tas de disques, la plupart en compagnie de Juliette Béliveau.

DAME EDDIE GÉLINAS

Elle fut l'héroïne de la série radiophonique Ti-Pit et Fifine. *Elle était née Germaine Lippé.*

MAURICE BEAUPRÉ

Comme chanteur rigolo, il fut unique en son genre, avec un répertoire bien personnel: Je rigole tout le temps, J'suis chatouilleux... *chansons enregistrées sous étiquette Alouette.*

CLAUDE BLANCHARD

Danseur de grand talent, il ne tarda pas, en fréquentant l'école GRIMALDI, à devenir un grand comique aimé et admiré.

TI-GUS ET TI-MOUSSE

Denise Émond et Réal Béland faisaient carrière séparément depuis quelques années, quand ils sont devenus Ti-Gus et Ti-Mousse en 1951.

DODO

C'est à la toute fin des années 40 que le talent de ces deux fantaisistes prit le public d'assaut pour ne plus jamais le quitter.
     QUELLE RELÈVE!

DENISE

CINQ INOUBLIABLES

Une photo-souvenir assez unique puisqu'elle réunit des artistes inoubliables qui ont consacré leur vie à faire rire leurs semblables: Merci à vous, Ovila Légaré, Fred Barry, Juliette Huot, Juliette Béliveau et Fanny Tremblay!

Très chers folkloristes

UN PEUPLE HEUREUX est un peuple qui chante! Et depuis qu'il existe, le nôtre a toujours chanté, bon an mal an, à pleine voix et de bon cœur. Jacques Cartier, en plantant une croix historique à Gaspé, ensemençait sur les deux rives du Saint-Laurent, les us et les traditions de sa vieille France, réalités folkloriques, qui, depuis, se sont transmises de canton en canton, de père en fils, de génération en génération, le folklore devenant cet héritage culturel légué oralement en se transformant avec le temps. Car, s'il y a le folklore traditionnel, il y a également celui qui se crée tous les jours.

Aux premières heures de la colonie, la chanson apportée ainsi de France par nos vaillants découvreurs faisait intimement partie des mœurs de nos ancêtres. Jeanne Mance et Marguerite Bourgeoys n'enseignaient-elles pas aux enfants et aux adultes les chants de leur lointain vieux pays! Ce premier répertoire eut tôt fait d'accompagner, dans leur labeur quotidien, défricheurs, coureurs des bois, gens de terre et de mer. En ramant à contre-courant sur nos grandes eaux, pour se donner du cœur à l'ouvrage, nos premiers draveurs et nos joyeux cageux chantaient à tue-tête: *Envoyons d'l'avant nos gens!*

Dans une large part, nous devons à l'historien-musicologue Ernest Gagnon, la consignation des premières chansons de notre patrimoine vocal puisque, en 1880, il publiait en librairie plus de 100 chansons sous le titre de *Chansons populaires du Canada*, ouvrage qui nous sert encore de référence. Le folklore, écrivions-nous, devenant cet héritage culturel légué oralement en se transformant avec le temps.

Ainsi, d'authentiques chansons de certaines régions françaises ont été transformées par les uns et les autres, selon la couleur régionale ou locale qu'on voulait bien leur conférer.

Exemples à l'appui: *Sur la route de Louviers* devint *Sur la route de Berthier, Dans les prisons de Nantes, Dans les prisons de Londres, Par derrière chez ma tante, Un Canadien errant, Ma Normandie, Dans le bon vieux temps...*

Sur des musiques existantes, il s'écrivit alors beaucoup de chants patriotiques, religieux, politiques, comiques ou d'actualité comme celui-ci:

L'Empress coulait
(sur l'air de *Minuit chrétien*)

Chanson écrite à l'occasion d'une campagne de souscription populaire à la suite du naufrage de l'*Empress of Ireland*, coulé par le *Storstad*, le 29 mai 1914, au large de Pointe-au-Père, faisant 1 985 victimes.

Le Saint-Laurent à l'onde enchanteresse
Suivait son cours, lent et majestueux,
L'*Empress* filait, diminuant sa vitesse
Lorsqu'un brouillard enveloppa les cieux
Sur ce vaisseau qui portait tout un monde
Chacun dormait ignorant le danger
Un cri soudain vient de la vie profonde
DEBOUT! DEBOUT! car l'*Empress* va couler!
DEBOUT! DEBOUT! car l'*Empress* va couler!

Un charbonnier a frappé le navire
Semant la mort par un grand trou béant
Les passagers pleuraient dans leur délire
Cherchant partout leurs amis, leurs parents
Ils s'élançaient dans le fleuve perfide
Tous affolés, le corps à moitié nu
En un instant dans l'élément liquide
HORREUR! HORREUR! l'*Empress* a disparu!
HORREUR! HORREUR! l'*Empress* a disparu!

Il entraînait sous les eaux du grand fleuve
Les occupants hier contents et joyeux
Mais aujourd'hui, les orphelins, les veuves
Sentent couler les larmes de leurs yeux
La mort brisa, dans l'*Empress*, des familles
Leur souvenir doit rester dans nos cœurs
Tous, habitants des campagnes et des villes
PRIONS! PRIONS! pour eux le Rédempteur
PRIONS! PRIONS! pour eux le Rédempteur

Le fond du fleuve est aujourd'hui leur tombe
Dernier sommeil précédant le grand jour
Mais aujourd'hui un devoir nous incombe
Aux affligés, il faut porter secours
Pour adoucir leur peine et leur misère
À pleines mains donnons pour être heureux
La charité suivra notre prière
DONNONS! DONNONS! pour tous ces malheureux!
DONNONS! DONNONS! pour tous ces malheureux!

Les chansonniers de l'époque, dans des recueils de chansons, dont *Le passe-temps* et *Montréal qui chante*, tout comme le disque et plus tard la radio, ont largement contribué à sauver de l'oubli ces richesses folkloriques que leurs nombreux interprètes ont répandues dans tous les foyers du Québec… pour y rester et se perpétuer.

Très chers folkloristes, vous qui figurez dans ces pages tout comme les absents, soyez à jamais remerciés!

CONRAD GAUTHIER

Cet éminent folkloriste, qui connut une grande popularité, n'était âgé que de 16 ans quand il fit ses premiers pas dans le métier en fondant Le Cercle Drapeau, et peu après, Le Cercle Lapierre. En 1917, il fit de nombreuses tournées en province et aux États-Unis, déjà pourvu d'un répertoire abondant. Au mois d'avril 1920, il se rendit à New York pour y enregistrer ses premiers disques. Mais c'est à Montréal, par la suite, qu'il gravera plus de 100 titres chez RCA Victor. Grâce à lui, nous chantons encore Mon chapeau de paille, Anatole et Manda, Souvenir d'un vieillard...

En 1921, au Monument National, il lança ses Veillées du bon vieux temps, *qui connaîtront un succès sans précédent. C'est là que fut découvert l'ingénieux talent de musicienne et de «faiseuse» de chansons de La Bolduc. Après ses débuts à CKAC, en 1924, il poursuivit une carrière radiophonique des plus méritoires.*

À la fin de sa vie, son fils, l'abbé Paul-Marcel Gauthier, lui succéda en faisant œuvre de chansonnier tout en respectant la tradition paternelle.

ISIDORE SOUCY

De la lignée des Latour, de LaMadeleine, Allard, Montmarquette et autres pionniers du disque, il enregistra son premier 78 tours en 1926, à l'âge de 27 ans. Sa très abondante discographie fut tour à tour réalisée devant les micros de Columbia, Starr Gennett et Blue-Bird, qui gravèrent plusieurs de ses compositions. Il participa à l'âge d'or de la radio avant de connaître, à la fin de sa vie, la consécration de la télévision.

OVILA LÉGARÉ

Vraisemblablement, ce gaillard, combien sympathique, possédait tous les talents. Sa carrière de folkloriste se dessina lorsque, à l'adolescence, il reçut un violon en cadeau... Il atteignait à peine sa vingtième année lorsque le célèbre dessinateur E.J. Massicotte l'invita à présenter ses Soirées de famille. *C'est au cours des* Veillées du bon vieux temps, *de Conrad Gauthier, qu'il fait la connaissance de madame Édouard Bolduc, avec qui il enregistrera quelques disques. C'est toutefois Charles Marchand qui lui apprit les rudiments et les authentiques chansons de notre folklore. Ovila Légaré, qui enregistra chez Columbia à New York, et chez Starr Gennett à Montréal, fit connaître au public ses propres compositions, dont ce classique intitulé* C'est dans l'temps du jour de l'An (tape la galette, les garçons, les filles avec!).

Le programme présenté ci-contre nous rappelle qu'Ovila Légaré fut impressionnant dans le rôle de Jos Montferrand.

69

CHARLES MARCHAND
et ses Bytown Troubadours, 1928

Même si elle fut en somme de courte durée, la carrière de Charles Marchand ne peut que figurer honorablement dans nos livres de référence. Oscar O'Brien composa pour lui la musique de plus de 100 chansons du terroir, recueillies par Marius Barbeau. D'allure et d'expression imposantes, Marchand grava plusieurs disques pour Columbia, Brunswick, Edison Diamond, RCA Victor et Starr Gennett. Peu avant sa disparition, alors qu'il n'était âgé que de 39 ans, il a légué tout son répertoire à Ovila Légaré et à Oscar O'Brien.

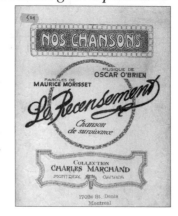

LE QUATUOR ALOUETTE

Sous la direction du musicologue Oscar O'Brien, ce quatuor talentueux fut accueilli avec admiration dès ses débuts en 1930. Il était composé de quatre chanteurs musicalement cultivés: le ténor Jules Jacob, le baryton Roger Filiatrault et les basses Émile Lamarre et J.-A. Trottier. Très présent sur disque et à la radio, le célèbre quatuor à la ceinture fléchée fut applaudi à l'étranger, en France tout particulièrement, avec enthousiasme, suscitant partout les critiques les plus élogieuses.

TI-BLANC RICHARD

Un violoniste spécialisé, un show-man *jovial, haut en couleur et un musicien inventif et généreux. Son souvenir est toujours présent chez ceux qui l'ont admiré et fortement applaudi.*

TI-JEAN CARIGNAN

C'est Jacques Labrecque qui donna le grand coup d'envoi à ce violoneux exceptionnel, découvert dans un stand de taxi de Verdun. Jusqu'à son dernier jour, ce grand musicien a été reconnu à sa juste valeur.

HÉLÈNE BAILLARGEON

ALAN MILLS

Individuellement ou à l'unisson, Hélène Baillargeon et Alan Mills furent des folkloristes de très grande valeur. À la fois extrêmement érudits, professionnels et distingués, ces deux admirables artistes nous ont laissé des enregistrements sonores (Chansons folkloriques du Canada — collection du centenaire) devenus de très précieux documents d'archives.

73

OMER DUMAS

*Les tournées, le disque et principalement la radio (*Le réveil rural, *de CBF, de 1938 à 1967) ont contribué à la popularité de ce musicien-compositeur.*

Tambour battant, Omer Dumas, à la tête de ses Ménestrels, nous fit découvrir et apprécier la chanteuse Mariette Vaillant.

TOMMY DUCHESNE

Venu du Lac Saint-Jean, Tommy Duchesne délaissa très tôt le violon afin de devenir un accordéoniste spécialiste du folklore non traditionnel, reflet de ses origines. À la suite de ses débuts en 1932, dans le studio de Starr Gennett, il enregistrera une centaine de 78 tours. Cette photo de 1939 nous laisse voir Tommy Duchesne et ses chevaliers à l'antenne de Radio-Canada, avec le chanteur Fernand Perron et l'annonceur Paul Dupuis, qui devint plus tard un acteur célèbre.

Quelques gentils phénomènes

D ANS NOTRE ESPRIT, le mot phénomène s'applique à tout talent assez original pour ne ressembler à aucun autre, assez personnel pour s'exclure de toute influence en n'étant d'aucune façon la copie ou le reflet d'autres expressions artistiques. Être exclusif, innovateur, faire école, tels sont les secrets de tout artiste pour s'imposer comme... phénomène.

Ceux que nous avons réunis dans ce chapitre furent des phénomènes à leur façon et selon leur créativité. La Bolduc, le Soldat Lebrun, Alys Robi, Gérard Barbeau, Willie Lamothe... auront marqué leur époque en apportant au public du jamais vu. Dans ce métier où s'alignent beaucoup plus d'appelés que d'élus, il faut s'imposer en ouvrant des voies nouvelles.

C'est justement ce qu'ont réussi à accomplir tous ceux que voici...

LA BOLDUC

Gaspésienne, née Mary Travers, elle connut la célébrité sous le nom de madame Édouard Bolduc. Fort douée pour la musique, elle joua d'instinct de la musique à bouche, de l'accordéon, du violon... Et c'est comme musicienne qu'elle fit partie des Soirées *de Conrad Gauthier. Sur disque, elle accompagna Ovila Légaré avant de révéler ses dons de chanteuse populaire. Inspirée par l'actualité et l'environnement, elle composa et écrivit des chansons qu'elle turluta à la façon de ses ancêtres. Son premier disque provoqua un succès d'estime et des ventes sans précédent. Elle devint le chantre de son époque, se rapprochant ainsi des chansonniers de Montmartre. La Bolduc fait à jamais partie de la légende.*

TROUPE
du
BON VIEUX TEMPS

CHANSONS
DE
Madame BOLDUC

Tous droits de reproduction mécanique, d'exécution au Théâtre ou à la Radio strictement réservés par Mde E. BOLDUC.

Toutes ces Chansons sont sur les Disques "STARR"

LE SOLDAT LEBRUN

Les premiers disques de Roland Lebrun suscitèrent immédiatement la curiosité provinciale au beau milieu de la Seconde Guerre mondiale. D'une naïveté touchante, ses chansons, inspirées par l'actualité guerrière, étonnèrent tout d'abord pour séduire par la suite. Il fut le premier auteur-compositeur-interprète à se présenter en public avec une guitare, imposant ainsi inconsciemment le genre western.

79

AUTRE PHÉNOMÈNE HORS-CATÉGORIE:

LE FRIDOLIN

DE
GRATIEN GÉLINAS.

UN TALENT RÉVOLUTIONNAIRE

HISSA AUX NUES

ALYS ROBI

ROGER BAULU

Ce n'est pas en vain que l'on décela en lui des quali-tés et des vertus de prince. Prince, il l'a été dans sa profession comme dans la vie. Impeccable en tout, il ne pouvait servir que de modèle et d'exemple. Car, tout au long de sa généreuse carrière de reporter des ondes, il ne faillit jamais à la tâche. Crédible, cultivé et attentif comme présentateur, il excella dans toutes les disciplines: actualité politique, affaires internatio-nales, informations générales, programmes de varié-tés. Un très grand monsieur dans toute l'acceptation du mot.

JOVETTE BERNIER

Journaliste, poète, écrivaine, comédienne et femme spirituelle avant tout, elle est demeurée incomparable. Première femme à être admise dans une salle de rédaction masculine (L'Illustration nouvelle, *1931), elle osa publier un roman fort provocateur:* La chair décevante. *Mais c'est la radio de Radio-Canada qui nous la fit connaître sous son jour le plus éclatant, dans sa série* Quelles nouvelles *(1939-1959).*

ARMAND MARION

Premier ventriloque de notre showbiz, avec sa marionnette Charlotte.

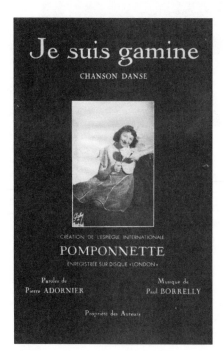

JEANNE COUET

Auteure-compositeure-interprète, elle devait en grande partie sa popularité à ses personnages de Pomponnette *et de* Zézette.

GÉRARD BARBEAU

Cette «voix d'or du Québec» fut celle d'un petit prodige. Il fut acclamé en France, en Belgique, en Hollande, en Suisse, en Italie... Il chanta à la radio, sur scène, sur disque et au cinéma, dans le film Le rossignol et les cloches. *Il fut ordonné prêtre quelques mois avant sa mort, alors qu'il n'était âgé que de 24 ans.*

ANDRÉ MATHIEU
Génie de la musique

Enfant prodige, on vit en lui la réplique vivante du petit Mozart, dont il partagea d'ailleurs le même destin tragique. Pianiste et compositeur, il a laissé une œuvre musicale impressionnante, dont son célèbre Concerto de Québec *qui, sous la direction du chef Jean Deslauriers, servit de bande sonore au film* La forteresse, *réalisé, en 1947, par Fédor Ozep.*

WILLIE LAMOTHE

La sortie de son premier 78 tours, en 1947, fit de lui l'un des plus sympathiques et des plus spectaculaires de nos chanteurs western.

OSCAR THIFFAULT

Le sens de la chanson ne s'acquiert ni chez un professeur ni dans un conservatoire, car c'est un don inné. Tout comme La Bolduc et le Soldat Lebrun, Oscar Thiffault fit la preuve qu'il possédait ce don mieux que personne. Le rapide blanc, *sa chanson la plus populaire, a traversé l'océan, des vedettes comme Colette Renard et Marcel Amont l'ayant invité à leurs côtés en France. Humble devant le succès, il resta fidèle au public de son pays qui le remercia par ses applaudissements.*

LE VIEUX VAGABOND
(série radiophonique de Radio-Canada)

Dans ce rôle, Paul-Émile Corbeil fit honneur à Jean Narrache (Émile Coderre), le poète des gueux. Cette photo, qui réunit auteur et interprète, date de 1939.

TANTE LUCILLE

Lucille Desparois vint à la radio comme secrétaire de L'heure provinciale, *sous la direction de Henri Letondal. Peu après, elle se fit narratrice et raconteuse au micro de CHLP, tout en publiant ses premiers contes pour enfants, qu'elle enregistra aussi chez RCA Victor. Et c'est ainsi qu'elle devint la Tante Lucille nationale. Pendant près de 30 ans, elle raconta ses histoires sur les ondes de Radio-Canada. Ses contes ont été traduits en huit langues et adaptés en musique, notamment par François Dompierre. L'histoire de cette raconteuse exceptionnelle aurait pu se terminer par cette mention:* UN CAS QUI N'A PAS SON PAREIL.

Cabarets et boîtes de nuit

L E MOT CABARET a deux significations: «plateau pour le service des liqueurs» ou «débit de boissons». Ce qui s'apparente de près au mot café. Tout devient alors simple affaire de broue et de grisant liquide...

Si la France a créé l'estaminet, la buvette, le bistrot... l'Angleterre, le pub... l'Allemagne, le Biergarten... et les États-Unis, le *saloon*... le Québec, lui, opta pour le bar d'hôtel et la légendaire taverne, là où l'eau-de-vie, le gros gin et le whisky blanc remplaçaient scandaleusement le vin de messe et la petite bière d'épinette.

Dans ces lieux décriés par les gens d'Église, le spectacle se déroulait autant dans la salle que sur le vétuste petit tréteau à attractions, piano mécanique et chansons à boire, attisant la gaieté des noceurs au rythme de *Prendre un p'tit coup, c'est agréable!*

C'est l'influence américaine des années folles de l'après-guerre qui fit se multiplier les parquets de danse à l'heure du charleston, du *black-bottom* et du boogie-woogie, où se déchaînaient danseurs et musiciens. Ce loisir divertissant et peu coûteux convenait à tous en cette période de crise économique en favorisant la rencontre de l'âme sœur. Par exemple, un établissement comme Le Palais d'or de la rue Stanley faisait, entre autres, office d'agence matrimoniale.

À Montréal, comme en banlieue, les salles de danse poussaient comme des champignons surtout avec l'apparition du *juke-box* qui n'exigeait qu'une pièce de cinq cents pour s'illuminer et jouer les derniers succès du palmarès américain: Gene Austin, Paul Whiteman, Nathaniel Shilkret, Guy Lombardo, et tous les nouveaux *big bands*.

Cette vogue inspira même une compagnie d'autocars qui institua le «NOWHERE» du samedi soir. Pour un dollar, les passagers y montaient au parc Lafontaine ou devant la pharmacie Montréal, les deux lieux de départ pour une destination forcément inconnue. Généralement, cette joyeuse randonnée aboutissait au bout de l'île, à la plage Idéale de Sainte-Rose, au Cosy Corner de Laval, au Show-Boat de Sainte-Geneviève, à la plage Mon Repos...

Peu après le début des années 30, Montréal devint une ville extrêmement attrayante grâce à ses établissements nocturnes et à ses lieux de rendez-vous. À la veille de la guerre de 1939, elle offrait une activité artistique fort invitante, avec:

- les soupers dansants de l'hôtel Queen's;
- le *Normandy Roof* de l'hôtel Mont-Royal;
- les récitals du Ritz-Carlton;

- les réceptions de l'hôtel Viger;
- les spectacles de variétés de la salle Laurier, du Gesù, de la Palestre nationale et des nombreux stades de quartier dont le Saint-Henri, le Samson, le Mile-End, le Jarry, l'Exchange;
- l'existence de grands restaurants comme: Le Samovar, Chez Stien, Chez son père, Le café Martin, le Kerhulu, Le lutin qui bouffe;
- les concerts symphoniques, les soirées d'opéra, de ballet et autres du stade Molson, du His Majesty's, du Plateau, du Saint-Denis;
- les burlesques de la rue Sainte-Catherine et du boulevard Saint-Laurent;
- les saisons d'opérette des Variétés lyriques;
- les revues annuelles de Gratien Gélinas;
- la présence de Lili Saint-Cyr;
- les attractions estivales du parc Belmont;
- les Concerts Campbell aux kiosques des grands parcs municipaux;
- les cirques et les féeries sur glace du Forum;
- les tombolas et les kermesses des paroisses et des quartiers de la ville;
- la radiodiffusion publique des grandes émissions radiophoniques en provenance de la salle Saint-Sulpice et d'autres lieux;
- la présentation, dans plusieurs grandes salles de cinéma, d'importantes vedettes d'ici et d'ailleurs, en avant-scène, entre la projection des films.

Et puis, avant même l'avènement du cabaret à grands spectacles, qui se produira au lendemain de la fin de la guerre (1944-1945), Montréal subit l'offensive du *GRILL* où les jeunes filles de bonne famille se voyaient interdire l'entrée pour ne pas passer pour «des filles communes» au nom d'une certaine morale, celle de leurs parents et de leurs voisins. Donc, pas de Vienna ou d'American Grill pour elles.

La fin des années 40 sera vraiment l'époque de l'instauration du cabaret et de la boîte de nuit. Ils furent soudainement si nombreux que nos artistes de variétés et nos musiciens pouvaient s'y produire à tour de rôle, 52 semaines par année. C'était le pactole! Parmi ces établissements de plaisirs nocturnes, LE MOCAMBO et LA CASA LOMA firent — semble-t-il — un ravage, encore plus que tous les différents cabarets, puisqu'on en parle encore. Et puis il y avait tous les autres: le Café de l'est, le El Morocco, le Copacabana, le Café Saint-Jacques (trois dans un), Le Château Sainte-Rose, Le Lido, Le Bal Tabarin, La Feuille d'érable, le Domino, l'Hôtel Central (Saint-Martin), Le Danube bleu, le Crystal, le Béret bleu, le Bellevue Casino, le Faisan bleu... Des villes provinciales telles que Valleyfield, Vaudreuil, Trois-Rivières, Saint-Jérôme et d'autres possédaient un ou plusieurs cabarets de belle envergure. Quant à la ville de Québec, grâce à Gérard Thibault et à ses frères, elle ne sera pas en reste, bien au contraire, puisque, en 1948, c'est l'ouverture de Chez Gérard, considéré depuis comme «la petite scène des grandes vedettes», Charles Trenet ayant contribué à son coup d'envoi. S'alignèrent par la suite: La Porte Saint-Jean, À la page blanche, Chez Émile, et, sous d'autres directions, Le Baril d'huîtres, Le Coronet, Le Sainte-Hélène.

Peu à peu, sous l'influence des nôtres, ces cabarets réputés pour leurs *floor-shows* américains, reflétèrent un visage français.

Ce sont deux pionniers, Henri Letondal et Hector Pellerin qui, bien avant, avaient doté les beaux soirs de Montréal de spectacles français. Le premier avec son Chat botté (situé au-dessus du restaurant Kerhulu, devenu le cinéma Berri), et le deuxième, avec son Versailles, à deux pas, du côté nord de la rue Sainte-Catherine.

En 1948, ce fut l'historique FAISAN DORÉ des frères Martin. Ces Marseillais ont créé un lieu où fleurirent de nombreuses vedettes. L'histoire de cette boîte de nuit typiquement française de la rue Saint-Laurent, logeant au second étage d'un édifice presque centenaire, à l'emplacement même de l'ex-Valdor, a-t-elle été trop fréquemment racontée pour récidiver? C'est ce que nous croyons, du moins… jusqu'à la prochaine.

NOTRE PROCHAIN SPECTACLE

2-3-4-5-7-8-9-11-12-14-16 DECEMBRE
(1948)

LE TZAREWITCH

avec

LIONEL DAUNAIS   FRANÇOIS LAVIGNE
GEORGES TOUPIN   GERARD PARADIS
CHARLES GOULET   HENRI POITRAS
MARTHE LAPOINTE — RITA BIBEAU — YVETTE BRIND'AMOUR

*

— BALLETS MORENOFF —

Chef d'orchestre : JEAN GOULET   Décors : ALFRED FANIEL

BILLETS EN VENTE LE LUNDI, 22 NOVEMBRE, a 10 hres A.M.

96

JEN ROGER

Cette tête d'affiche semble presque un synonyme du mot cabaret, puisqu'on ne peut évoquer l'un sans penser à l'autre. Ce roi du cabaret régna à la glorieuse époque des boîtes de nuit qui refusaient des gens à chacun des deux ou trois spectacles de la soirée.

Jen Roger fit sa première grande percée au Mocambo, devenu populaire grâce à lui, entre autres. C'est là, après trois années de triomphes nocturnes, qu'Andrew Cobetto de La Casa Loma vint lui offrir un contrat en or qu'il accepta. Cette belle et spectaculaire aventure dura 12 ans. On adorait ce présentateur élégant, bon chic bon genre, qui connaissait son métier, et l'on venait de partout pour l'applaudir. En un mot, La Casa Loma, c'était lui. Sur scène, avec l'orchestre de Marcel Doré, Jen Roger chantait les titres de son abondante discographie en plus de présenter les grandes vedettes d'ici et d'ailleurs et les flamboyants numéros de variétés.

Parmi ces vedettes, il y eut Lucienne Boyer, dont cette photo est le témoin de l'admiration qu'elle portait à notre ami.

YVAN DANIEL

Issu lui aussi du Mocambo, il fit partie de la grande époque des cabarets de Montréal et de la province.

D'un physique attrayant, Yvan Daniel, comme chanteur fantaisiste et sentimental, cumula les engagements à la radio et en spectacle ainsi que les succès sur disque: Domani, Sois pas fâchée, Sait-on jamais, Ce soir ma Ninon, Valentino.

Il est décédé dans un accident de la route en 1967, à l'âge de 37 ans, en pleine popularité.

Gaston Tessier et Maurice Bougie entourent ici le maître de cérémonie Gaston Campeau. Tessier et Bougie (Tune-Up Boys) ont battu tous les records d'assistance et de longévité à La Casa Loma, au point que les propriétaires durent agrandir leur salle. Gaston Campeau, au Bellevue Casino, eut l'honneur de présenter la grande Édith Piaf.

JACQUES NORMAND

Un cas vraiment unique que celui-là! Découvert à la radio de Québec par Henry Deyglun, il conquit le public montréalais du jour au lendemain. Ce jeune fantaisiste bourré de talent apportait un style nouveau et vraiment hors-catégorie. Homme d'esprit, cultivé, il s'éloignait des sentiers battus afin d'imposer son personnage, plein de brio, de verve et de charme. On lui doit d'avoir, comme pas un, illuminé ses Nuits *de* Montréal. *Arrière-arrière-arrière-petit-fils de Aristide Bruant, c'est le genre «d'enfant terrible» que tous les publics aiment. Un cas unique, répétons-le!*

LES AMICALES SOIRÉES DU FAISAN DORÉ

Ici et là: Roger Garceau, Maurice Gauvin, Jean Despréz, Monique Leyrac, Robert Rivard, Mimi D'Estée, Jean Duceppe, Edmond Martin, Bob Cousineau, Raymond Lévesque, Jean Rafa, Jacques Normand, Charles Aznavour, André Roche, Ginette Letondal, Bourvil, Muriel Millard, Aïda Aznavour, Lucienne Boyer, Pierre Roche... et les autres.

ROMÉO PÉRUSSE ~

Ce comédien-chanteur donnait tout un spectacle à lui seul. Dans son sac: des centaines d'histoires drôles et d'anecdotes fort épicées mais qu'il avait l'art de raconter avec un bagou bien à lui et dans un rythme effréné, souvent accompagné par le pianiste Eckstein.

JOHNNY RUSSELL

Adoré du public comme de ses camarades, il fut consacré par ces derniers le premier MONSIEUR M.C. (maître de cérémonie).

MAURICE GAUVIN

... fit carrière de cabaretier et d'acteur, notamment à La Barrak.

Muriel Millard, son mari Jean Paul et Janine Gingras attablés au Montmartre. Muriel et Janine furent en vedette dans tous nos cabarets et Jean eut également son heure de gloire comme danseur et professeur de danse moderne.

Au Bal Tabarin, comme ailleurs, Denise Filiatrault et Jacques Lorain ont grandement collaboré à la popularité du cabaret français instauré ici par Le Faisan doré.

Roger Joubert, Paul Berval, Réal Béland et Denis Drouin font partie de la fabuleuse période des boîtes de nuit, des cabarets-théâtres des années 40, 50 et 60.

CES FRANÇAIS... «NON MAUDITS»

PAUL BUISSONNEAU

JEAN RAFA

CLAIRETTE

Ils sont devenus des nôtres lors d'un premier séjour parmi nous, parce que nous les avons adoptés comme des membres de la famille.

ANDREW COBETTO

L'âme dirigeante de La Casa Loma.

GÉRARD THIBAULT

Le propriétaire des trois plus importants cabarets de la ville de Québec.

QUATRE ARTISANS DU SHOWBIZ

Claude Séguin, fantaisiste… Marcel Provost de CKVL et directeur de Radio-Monde, *Léon Lachance, fantaisiste, et Françoys Pilon, fondateur du Café Saint-Jacques.*

Vedettes de la chanson
et de la radio

L E RÉPERTOIRE des tout premiers enregistrements phonographiques allait des chants religieux aux extraits d'opéras et d'opérettes, en passant par la musique militaire, et mettant en vedette les chanteurs à voix comme Enrico Caruso, le premier d'entre eux.

C'est un peu plus tard, en France comme au Québec, que la chanson — appelée chansonnette — prit tout son essor. Et c'est Hector Pellerin, baryton Martin et musicien extrêmement doué, qui lui donna son premier envol, tout comme Fred Gouin, pour le disque français. Pellerin et ses semblables créaient des chansons françaises mais aussi les versions françaises des succès américains.

Le Passe-temps, dont les bureaux se situaient rue Craig, côté sud, près du boulevard Saint-Laurent, était l'un des endroits les plus courus pour l'achat de musique en feuilles. Ainsi, les chansons entendues au parc Sohmer et dans nos salles de théâtre et qui s'imprimaient sur disque et dans la revue *Montréal qui chante* pouvaient s'y retrouver.

Délaissant le style folklorique, «notre» chanson populaire fit ses premiers grands pas vers le milieu et la fin des années 20, grâce à des auteurs et à des compositeurs comme René Paradis, Roméo Beaudry, Fred Carbonneau, Paul Gury, Henry Deyglun, Léo Lesieur, Henri Letondal, Hector Pellerin, Jean Grimaldi et peu à peu, de 1930 à 1950, avec les Lionel Daunais, Rolland D'Amour, Jeanne Couet, Fernand Robidoux, Robert L'Herbier, Lucien Hétu, et deux débutants prometteurs, Raymond Lévesque et Jacques Blanchet.

DAMASE DUBUISSON

Vedette du parc Sohmer, il eut du succès sur toutes les scènes de son temps, en solo ou en compagnie de sa femme, Blanche. Il a enregistré sous étiquette Columbia.

BLANCHE DUBUISSON

SIMONE ROBERVAL

Comédienne et chanteuse, elle fut une des étoiles des années 20 et 30, notamment dans les revues musicales de son ami Paul Gury. De cette voix tellement talentueuse, nous ne conservons, hélas!, que deux 78 tours, sous étiquette RCA Victor.

HECTOR PELLERIN

Tout de blanc vêtu, s'accompagnant au piano, il fut notre premier vrai chanteur de charme. Il a tenu la vedette partout, même aux États-Unis, dans des spectacles musicaux. À la radio, il se fit «le meunier de la chanson». Son abondant répertoire lui a permis d'enregistrer plus de 250 titres, tant sur cylindre que sur disque dur, sous diverses étiquettes. Comme pionnier du disque, on ne pouvait faire mieux! À la fin d'une belle carrière, Pellerin fut l'invité de Rose Ouellette au National.

ALBERT MARIER

Sa voix charmeuse de baryton Martin plaisait énormément. Ainsi, ses nombreux enregistrements chez Starr Gennett ont été très populaires. Votre avion va-t-il au paradis? *et* Dis-leur bonjour pour moi *furent les titres d'or de sa discographie.*

FERNAND PERRON
(Le merle rouge)

Bien connu dans le domaine du disque et de la radio, Fernand Perron fut, à CKAC, la vedette d'une série commanditée par un fabricant de sirop pour la gorge. Comme il possédait une voix toute en douceur, on le surnomma «Le merle rouge». Il a gagné la médaille d'or de Radio-Monde.

ROMÉO MOUSSEAU

Ténor, il brilla à l'opéra et à l'opérette avant de se diriger vers la chansonnette, d'où son titre de «Créateur de la chanson française en Amérique». À la radio de Paris, il chanta aux côtés de Yvonne Printemps, et, sur scène, avec l'orchestre de Guy Lombardo. Par la suite, il devint la VOIX de CHLP. À son départ, Jean Clément lui légua la majorité de son répertoire. Roméo Mousseau a gravé des disques pour RCA Victor, Starr Gennett et Trans-Canada.

111

JEAN LALONDE le «DON JUAN DE LA CHANSON»

C'est Jovette Bernier qui lui octroya ce titre face à l'ampleur de son succès. Car Jean Lalonde ne fut pas une vedette de la radio mais LA VEDETTE. La province entière écoutait son émission, tous les soirs, à CKAC. Ses disques — fait inusité — faisaient partie des sélections des juke-box dont le menu était jusqu'alors réservé aux succès américains. Issus de tous les milieux, ses admirateurs se pressaient sur son passage comme ils le firent pour Tino Rossi, et, vingt ans plus tard, pour notre Michel Louvain.

112

LUCILLE DUMONT
«La Grande Dame de la chanson»

À l'âge de 16 ans, sous le pseudonyme de Micheline Lalonde, elle participa à un programme d'amateurs sur les ondes de CKAC. Sa famille découvrit sa jolie voix en même temps que le public. Aussitôt, on lui offrit des engagements, et Léo Lesieur, dont elle créa les chansons, la prit sous sa tutelle. Son succès sans cesse grandissant fit d'elle, dans la vie comme au micro, l'admirable grande dame que l'on connaît.

LÉO LESIEUR

Musicien et compositeur, il fut l'organiste le plus en demande de l'âge d'or de la radio et des studios d'enregistrement. Avec des paroliers comme Hector Pellerin et Henri Letondal, il a composé de superbes chansons créées par Lucille Dumont, Rolande Bernier, Jean Lalonde, Henri Letondal: Pourquoi, Quand je danse avec toi, mon amour, Si tu savais que j'ai pleuré. *L'une d'elles fut enregistrée à Paris par Ray Ventura et ses Collégiens.*

LIONEL PARENT

Lionel Parent chante *était le titre de la série d'émissions qu'il présentait de 7 h 45 à 8 h, tous les soirs, à CBF et à CKAC. Il a laissé derrière lui une très volumineuse discographie.*

114

LUDOVIC HUOT

Cet autre pionnier du disque québécois fut le premier ténor du Trio lyrique. Très tôt, il partit pour les États-Unis, où il fut en vedette dans les grands et chic night-clubs tout au cours d'une carrière fort réussie.

JACQUES AUBERT

Le maître de chapelle Maurice Descôteaux se fit connaître à la radio et sur disque sous le pseudonyme de Jacques Aubert. Son quart d'heure de chansons était diffusé tous les jours sur les ondes de CKAC et de CHLP. Parmi ses nombreux succès sur disque, le plus important fut TON PETIT KAKI (Je suis loin de toi, mignonne), dont il était l'auteur.

115

LUCILLE LAPORTE

Gentille petite interprète de chansonnettes et comédienne, qui, après avoir obtenu tous les succès à la radio et sur scène, se retira sans adieu et définitivement.

THÉRÈSE GAGNON

À la radio, c'est elle que l'on appelait «La Belle Dow». À cause, naturellement, du commanditaire de son émission!

FERNAND ROBIDOUX

Vedette à part entière à la suite du triomphe de son disque Je croyais, *il enregistra chez RCA Victor, à Montréal, et chez Decca, à Londres... en passant par Paris.*

En plus de découvrir et de lancer Raymond Lévesque, Fernand Robidoux sortit vainqueur de grandes croisades en faveur des nôtres contre la chanson et le disque américains.

LUCIE MITCHELL

Comédienne (elle interpréta la fameuse marâtre d'Aurore), elle chanta également à la Société canadienne d'opérette, aux Variétés lyriques, au National.

LENOIR-BARONET

Musicienne et chanteuse, Marie-Thérèse Lenoir prend ici la pose avec son mari, le chanteur Richard Baronet.

118

LOUISE BEAUDRY

Elle fit une fort brève carrière de chanteuse.

MARIE-THÉRÈSE ALARIE

Elle est la fille d'Amanda et la sœur de Pierrette.

JACQUELINE BERNARD

La voix féminine de CHLP était l'épouse de Marcel Lefebvre. Elle mourut prématurément en nous laissant sa jolie voix sur quatre 78 tours, chez Starr Gennett.

LUCIENNE DELVAL

Sur les boulevards, *à Radio-Canada, vedette des disques Blue-Bird.*

119

ROLANDE et ROBERT

Elle jouait de l'accordéon et lui, du piano. Elle était de Sherbrooke et lui, de Montréal.

Ils se rencontrèrent dans le studio des Joyeux troubadours.

ROLANDE DÉSORMEAUX

Unis par l'amour et la chanson, ils formèrent un couple fort romantique qui s'évertua sans cesse à découvrir et à répandre la chanson canadienne, devenue québécoise depuis.

ROBERT L'HERBIER

MONIQUE LEYRAC

Un talent haut de gamme mis au service du théâtre et de la chanson!
Née Tremblay, à Rosemont, elle débute à CKAC, sous la direction de Paul L'Anglais, directeur du Théâtre Lux. Elle personnifie Bernadette Soubirous dans Le chant de Bernadette. *Comme chanteuse, elle brille aux côtés de Jacques Normand au micro de CKVL; elle est destinée à une grande carrière.*

JEANNE D'ARC CHARLEBOIS

Cette étonnante animatrice se rendit jusqu'aux Folies-Bergère à Paris. Là-bas, elle fut obligée de modifier son nom pour Jeanne Darbois.
À ses débuts, elle fit partie de la troupe de Jean Grimaldi, auprès du comique Olivier Guimond, le père de ses deux fils.
Elle revint au pays après 20 ans d'une carrière européenne jalonnée de succès.

ESTELLE CARON

La voix féminine et radiophonique, entre autres, des Joyeux troubadours. *Après ses débuts à Ottawa, elle s'installa à Montréal où elle devint une voix fort en demande à Radio-Canada, qui lui confia une série d'émissions au service des auteurs et des compositeurs de nos premières chansons. Retirée, cette très belle artiste vieillit fort heureuse auprès de son mari, le musicien Jean Larose.*

MURIEL MILLARD

Le titre de «MISS MUSIC-HALL» avant tout!

Chanteuse dynamique, elle débute à l'âge de 13 ans dans un spectacle de nuit au National. Jean Lalonde la présenta au micro de CKAC. Elle a joui d'une carrière incomparable.

LES SŒURS GINGRAS

Elles furent connues et appréciées comme les deux Petites Sœurs Gingras, Lucille et Catherine. Très présentes au micro de CHLP et dans les programmes de variétés des salles montréalaises, elles ont enregistré chez Starr Gennett, seules et avec Roméo Mousseau.

ANDRÉ LOUVAIN

Son nom véritable était Maurice Crépeault, très connu comme pianiste-accompagnateur. Il a également chanté et enregistré sous son pseudonyme.

123

FERNAND GIGNAC

À l'âge de 14 ans, cet adolescent extrême-ment doué et porteur d'une voix juste et har-monieuse fit ses débuts professionnels parmi les «grands» du Fai-san doré. Il ne tarda pas à devenir un croo-ner incomparable et la vedette numéro un du disque québécois.

ANDRÉ RANCOURT

Sur disque RCA Victor comme à la radio, il mena une carrière dis-crète mais tellement sym-pathique. Sur les ondes de CJMS, il anima durant des années, devant pu-blic, sa célèbre Dame de cœur, qui gagna la faveur de tous et chacun.

MAM'ZELLE QUÉBEC

C'est en France que ce titre fut attribué à Paulette de Courval, chanteuse fantaisiste de Québec.

AIMÉ MAJOR

Comédien devenu chanteur bien-aimé.

PIERRE PÉTEL

Auteur-compositeur-interprète, on lui doit la chanson du Carnaval de Québec et la musique du premier grand film musical d'ici: Les lumières de ma ville.

GABY LAPLANTE

Une découverte de CKVL!

CLAUDETTE JARRY

Accordéoniste et chan-teuse, elle se spécialisa dans les rythmes sud-américains, surtout comme vedette de la série radio-phonique Café Negro.

LUCIEN HÉTU ET JOANNE JASMIN

Pianiste, organiste, au-teur, compositeur et inter-prète, Lucien Hétu a vu ses chansons primées à plusieurs reprises. Il ac-compagne ici Joanne Jasmin, une interprète de grande classe, récipien-daire du Grand Prix du disque de CKAC.

MICHEL NOËL

Jean-Noël Croteau (son vrai nom) est né à Québec où, tout enfant, il fit ses débuts de comédien. Tout au long de sa fructueuse carrière, il partagea son talent entre la comédie, l'animation et la chanson fantaisiste, avant de devenir le mémorable CAPITAINE BONHOMME.

Le sympathique fantaisiste en compagnie de Édith Piaf et de Rina Ketty.

LISE ROY

*Une belle voix de chan-
teuse et un grand talent
de comédienne!*

*Avant de connaître la
célébrité comme comé-
dienne et chanteuse,
Gabrielle Côté fut la se-
crétaire de Jean Despréz,
qui orienta sa carrière.
C'est dans le studio de*
Vie de famille, *de Henry
Deyglun, qu'elle fit la connaissance de Jacques
Normand, qu'elle épousa. Tournées, radio, disques,
cinéma… feront de Gabrielle Côté: LISE ROY.*

NICOLE VALLIÈRES

*Des débuts au Théâtre
National et une longue
carrière aux États-Unis.
Juliette Patenaude (son
vrai nom), née à Verdun,
d'un père franco-améri-
cain, perdit la vie dans un
accident de voiture à Chi-
cago, à l'âge de 37 ans.*

PAUL CHARPENTIER

Chanteur et annonceur, sa carrière comme son succès furent de courte durée, mais quand même assez importante pour qu'on s'en souvienne.

COLETTE BONHEUR

L'artiste Lise Bonheur (Dame Chailler) inculqua très tôt à ses enfants le goût du théâtre et de la musique. Ses enfants: Monique Chailler, chanteuse classique; Philippe Chailler, comédien fantaisiste; Guylaine Guy, chanteuse populaire, tout comme sa sœur, Colette Bonheur.

Fort populaire à la radio, sur scène et sur disque, elle s'exila aux Bahamas où elle mourut dans des circonstances mystérieuses en 1966.

GUYLAINE GUY ET AGLAÉ

C'est Charles Trenet qui lancera en France la carrière de Guylaine Guy, avec Où sont-ils donc? *Vedette de la chanson, elle obtint un succès spontané partout où elle passa. À L'Olympia, en 1955, elle brilla sur la grande affiche avec Louis Armstrong. À la suite d'un riche mariage, elle abandonna le music-hall pour la peinture.*

Jocelyne Deslongchamps rencontra Pierre Roche au Faisan doré, où elle débuta, et elle l'épousa en 1950. À Paris, elle triompha avec une chanson de Lionel Daunais intitulée Aglaé. *Elle se fit un nom avec ce titre de chanson.*

Au Châtelet, elle fut la partenaire de Tino Rossi dans l'opérette Méditerranée, *de Francis Lopez. Elle est décédée en 1984.*

Aglaé entre deux admirateurs parisiens, les frères Jean Nohain (Jaboume) et Claude Dauphin.

Guylaine Guy reçoit le titre de «Miss Radio-Cinéma 1950», concours présidé par Françoise Rosay et Paul Gury.

FÉLIX LECLERC

Le glorieux père de la première vraie chanson poétique du Québec reconnue à l'étranger.

L'arrivée à Paris de Félix Leclerc fut marquée par la présence de Jacques Normand et de Jean Clément venus l'accueillir à la gare.

ALAIN GRAVEL

Aux grandes heures de la radio, certains annonceurs étaient aussi populaires que les vedettes de la chanson et du disque. Alain Gravel fut de ceux-là.

Ce soir-là, les vedettes de la populaire série radiophonique L'Heure Woodhouse, étaient le trio des Harmonistes (Marcelle Lefebvre, Éléonore Hamel, Simone Quesnel), Albert Viau, David Rochette, Maurice Meerte, Jacques Gérard, Roy Malouin, Marthe Thiéry, Arthur Lefebvre, Margot Teasdale, Rolland Bédard, Juliette Béliveau et Édouard Baudry.

La foule se pressait lors des grandes émissions radio-diffusées en direct, dans les diverses salles de spectacles de Montréal.

Jean Lalonde, Lucille Dumont et Clément Latour étaient les vedettes du Radio-Concert Kraft. *De dos, le chef d'orchestre Denhey et, assis, au centre, Lucien Martin.*

Corey Thompson (Oncle Troy), Roméo Mousseau et Jack Tietolman célèbrent la victoire de CKVL.

En tournée dans les camps militaires durant la dernière guerre. On peut reconnaître sur cette photo: Jean-René Coutlée, Juliette Huot, Paul Sauvé et Ferdinand Biondi.

André Dassary rendait souvent visite à ses amis de CHLP, ce berceau de la chanson française. À l'extrême gauche: Marcel Marineau et Armand Goulet.

Photo: Roméo Gariépy

EN VEILLANT DANS LE VIVOIR

... de la Living Room Furnitures. *Autour de Maurice Meerte, Omer Dumas, Roger Turcotte, Bruce Wendel, Alain Gravel et Bernard Goulet.*

Visite à CKAC de Tino Rossi vers 1947, dans une émission dont Michel Noël était la vedette. Autour d'eux: Paul Maugé et Guy Darcy.

TENTEZ VOTRE CHANCE

*Un quiz fort populaire présenté par Ovila Légaré avec
la collaboration de Marc Audet.*

Les étoiles du bel canto

ON SANS RAISON, on a longtemps cru que les grandes voix de ténors lyriques ne provenaient que d'Italie, pays de soleil particulièrement favorable à l'éclosion du bel canto. Notre cher Québec a fait mentir cette croyance en propulsant sur les plus grandes scènes du monde des VOIX depuis longtemps reconnues et à jamais consacrées.

La première de nos cantatrices à être applaudie à l'étranger fut ALBANI, de Chambly, née Emma Lajeunesse. En 1856, à la suite de ses débuts comme pianiste et chanteuse, elle se dirigea vers une carrière internationale vraiment prodigieuse en devenant la première star du Québec à briller par-delà les océans. Ayant épousé Ernest Gye en 1878, qui succéda à son père comme directeur du Covent Garden de Londres, c'est en Angleterre qu'elle est décédée en 1930, à l'âge de 83 ans.

Dans sa générosité lyrique, notre pays a produit d'illustres ténors qui nous firent grandement honneur dans de prestigieuses maisons d'opéra, comme la Metropolitan Opera House de New York, le Covent Garden de Londres, l'Opéra de Paris... Par exemple, les Paul Dufault, Rodolphe Plamondon, Jacques Girard, Raoul Jobin, Richard Verreau, Léopold Simoneau,

ALBANI (EMMA LAJEUNESSE)

André Turp. Comme on «s'amuse» à le prétendre dans le milieu: «Il y a les ténors... et les autres!»

Parmi ceux-là, on se rappelle ces chanteurs à voix que nous aimons désigner comme «les étoiles de notre bel canto».

Oui, il faut s'enorgueillir, sans fanatisme, comme sans trop de modestie, du talent québécois. Si de très grandes voix furent couronnées, d'autres, qui auraient certes mérité une reconnaissance publique, n'auront connu qu'une gloire de chorale ou de jubé d'église paroissiale.

Il faut surtout déplorer le fait que tant de belles voix lyriques soient à jamais éteintes et perdues, n'ayant malheureusement pas été enregistrées.

Les années 30 et 40 favorisèrent considérablement les vedettes d'opéra, d'opérette et de comédie musicale. Aux États-Unis comme en Europe, les étoiles du bel canto envahissaient l'écran sonore des salles de cinéma et vendaient autant de disques que les artistes de variétés. Les connaisseurs, comme les amateurs, collectionnaient les enregistrements de Jeanette MacDonald, Erna Sack, Lily Pons, Deanna Durbin, Grace Moore, Ninon Vallin, Jan Kiepura, Georges Thill, Nelson Eddy, Jan Peerce, Gigli, Pinza, Tibbett et compagnie.

À Montréal, beaucoup de gens fréquentaient les Variétés lyriques, l'Opera Guild de Pauline Donalda, les récitals et les concerts du Ritz-Carlton, de Sarah Fisher, de l'Auditorium du Plateau, du Chalet de la montagne, du stade Molson (sous les étoiles)... mettant en vedette artistes étrangers et québécois.

La radio, pour sa part, permettait aux intéressés d'écouter les grandes œuvres du répertoire, comme celles retransmises du Met, en direct de New York, ainsi que des émissions telles que *Le théâtre lyrique Molson*, etc.

L'un des moments historiques de cette période fructueuse date de 1920. En effet, le 27 septembre 1920, le gigantesque ténor italien Enrico Caruso établit le record mondial de recettes lors de son récital à l'aréna Mont-Royal, dont la charpente se dresse encore aujourd'hui à l'angle des rues Saint-Urbain et Mont-Royal. Des 28 888 $ encaissés, l'imprésario Louis-H. Bourdon en versa 20 544 $ à l'illustre chanteur. Caruso, qui nous avait rendu visite une première fois en 1908, nous fit en quelque sorte son concert d'adieu ce soir-là, puisqu'il mourut l'année suivante.

JOSEPH SAUCIER

Le baryton Joseph Saucier fut le premier artiste canadien-français à faire des enregistrements, vers 1903, pour la firme Berliner.

LOUIS CHARTIER

Louis Chartier, baryton, enregistra une cinquantaine de 78 tours sous diverses étiquettes, dont quelques-uns en compagnie de Blanche Gonthier et Émile Gour.

PIERRE-A. ASSELIN

Pierre-A. Asselin grava sa voix de théâtre sur cylindre Edison et sur 78 tours dès 1915.

PAUL DUFAULT

C'est à Sainte-Hélène-de-Bagot que le ténor Paul Dufault vit le jour (1872-1930). Il fit des tournées en Australie, en Chine, au Japon, aux États-Unis. Ses enregistrements ont été réalisés en français et en anglais.

RODOLPHE PLAMONDON

Le ténor lyrique Rodolphe Plamondon (1877-1940) était d'origine montréalaise. Dès 1895, il partit pour l'Europe où il chanta sous la direction de Vincent d'Indy. Ses grands débuts à l'Opéra de Paris eurent

lieu en 1908. Londres, Vienne, Munich et New York (au Met) consacrèrent son beau talent. Le grand ténor français Georges Thill lui vouait une admiration toute particulière. Il n'enregistra, hélas, que quelques disques qui ne lui rendent pas justice.

Concert de La Lyre, à CKAC, juin 1926

1) Marie Rose Descarries, soprano; 2) Albert Chamberland, violoniste; 3) Jean Belland, violoncelliste; 4) J. Fournier de Belleval, baryton; 5) Dame J.A. Larivière, soprano; 6) Fleurette Beauchamp, pianiste; 7) Henri Miro, compositeur; 8) Hercule Lavoie, baryton; 9) Paul Trépanier, ténor.

ALEXANDRE DESMARTEAUX

Vedette des disques Columbia de New York, le chanteur et comédien Alexandre Desmarteaux s'assura une très belle carrière qui finit trop tôt à cause de son décès prématuré. Ses deux fils, Paul, le comédien, et Charles, le machiniste de théâtre, ont porté son nom jusqu'à nous.

HONORÉ VAILLANCOURT

On doit à ce baryton bien né la création de la Société canadienne d'opérette qui disparut à la mort de son fondateur. Honoré Vaillancourt enregistra deux 78 tours chez Columbia.

L'INSTITUT MUSICAL

Dans l'ordre habituel, les professeurs: Salvator Issaurel, J.-J. Gagnier, Camille Couture, C. Duquette, Fred Pelletier, J.N. Charbonneau et Benoit Verdickt.

RAOUL JOBIN

Né à Québec le 8 avril 1906, il fut l'un des plus grands de l'époque. Dès ses fulgurants débuts à l'Opéra de Paris en 1930, il fut surnommé le «Caruso du Canada». Dix ans plus tard, on affichait son nom au Met de New York. Aucun de nos artistes lyriques n'a connu une telle série de triomphes à l'étranger et une carrière aussi longue en Europe.

Raoul Jobin quitta la scène en 1958 et s'éteignit à Québec, le 13 janvier 1974.

Jobin dans l'un de ses derniers rôles, Paillasse, dans l'opéra de Leoncavallo, I Pagliacci.

150

JACQUES GÉRARD

Né à Arthabaska, fils d'organiste, il débuta, enfant, dans la chorale paroissiale sous la direction de son père. Après un séjour à Montréal, où sa voix de ténor étonna déjà, il partit pour l'Europe où, pendant trois ans, il étudia au Conservatoire de Bruxelles. Ses grands débuts professionnels dans Faust, *à l'Opéra de Liège, firent sensation. Aussitôt, il fut engagé comme partenaire de Lily Pons dans l'opéra* Lakmé. *Il chanta tour à tour à l'Opéra comique de Paris, au Metropolitan et au Carnegie Hall de New York.*

CARO LAMOUREUX

*Tenant les grands rôles de mezzo-soprano des Variétés
lyriques, Caro Lamoureux a suscité l'admiration partout où elle a chanté, même en France, où le chanteur
Reda Caire l'a présentée dans* La veuve joyeuse.

MARTHE LAPOINTE

Sur les ondes de Radio-Canada, sa voix de soprano charmait les auditeurs de la série Ici l'on chante, *dirigée par le chef d'orchestre Gilbert Darisse. Mais Marthe Lapointe fut, avant et par-dessus tout, l'une des grandes vedettes des Variétés lyriques.*

JEANNE DESJARDINS

Son sourire, sa char-mante et chaleureuse personnalité, tout comme sa voix de soprano, ont laissé un adorable souve-nir à ceux qui avaient raison de l'aimer et qu'elle aura quittés trop tôt, hélas!

JOSÉ DELAQUERRIÈRE

Ce bel artiste venu de France a été ainsi pré-nommé parce que son père tenait le rôle de Don José dans Carmen quand son fils est né. Ayant grandi dans le sillage artistique de Yvette Guilbert, Delaquerrière a mené parmi nous une car-rière de baryton Martin et de comédien à la hauteur de son talent et de sa culture. Professeur de chant, on lui doit l'existence du Chœur de France.

UN TRÈS BEAU
DUO D'OPÉRETTE

JACQUELINE
PLOUFFE

C'est à l'opérette, sur la scène et dans les coulisses des Variétés lyriques, que Jacqueline Plouffe, soprano et comédienne, et Gérard Paradis, ténor et comédien, ont formé ce duo d'amoureux, admirable duo déjà scellé par le temps.

GÉRARD PARADIS

CHARLES GOULET

Comédien, chanteur et cofondateur avec Lionel Daunais des Variétés lyriques, il a donné vie à la chorale des Disciples de Massenet, en 1928. Monsieur Goulet et ses Disciples (notre photo) firent leur entrée à Notre-Dame-de-Paris en 1950, où ils se distinguèrent auprès d'un auditoire prestigieux, recueillant les plus élogieux commentaires.

YOLAND GUÉRARD

Né à Joliette en 1923, il est décédé à Paris le 2 novembre 1987. Après avoir étudié le chant et la musique, il fit ses débuts à CKAC en 1947. Ce fut le point de départ d'une carrière très florissante: les Variétés lyriques, les Disciples de Massenet, l'Opéra de Lyon, New York, Paris...

Cette basse chantante fort admirée possédait aussi des dons de comédien et d'animateur qui lui ont permis de se fixer à jamais au faîte du vedettariat, ici comme à l'étranger.

YOLANDE DULUDE

Après ses débuts aux concerts de Sarah Fisher en 1949, avec sa jolie voix de soprano, elle a mené à bien une très belle carrière... Tout comme son partenaire lyrique, Yoland Guérard.

LE TRIO LYRIQUE

Sous l'experte direction d'Alan McIver, le Trio lyrique demeure l'une des grandes et heureuses initiatives de Lionel Daunais. Lors de sa création en 1930, c'est le ténor Ludovic Huot qui chantait en compagnie de Anna Malenfant et de Lionel Daunais. Mais le ténor Jules Jacob (notre photo) lui succéda peu de temps après. La couleur vocale, le répertoire original et les arrangements musicaux ont conféré à ce trio sa qualité artistique et sa merveilleuse réputation.

Photo : Basil Zarov

ANNA MALENFANT

158

NAPOLÉON BISSON

Cette basse dramatique figure parmi nos grandes étoiles du bel canto. Premier prix de conservatoire, il a débuté à la radio au Théâtre lyrique Molson *et a entrepris par* la suite une carrière qui l'a conduit jusqu'en Europe et ailleurs.

ROGER DOUCET

À l'âge de 10 ans, il fit partie de la chorale de L'Immaculée-Conception, sa paroisse. Sept ans plus tard, il décrocha le premier prix à un concours radiophonique. En 1942, il devint sergent et vedette de la troupe du Canadian Army Show, *parcourant le Canada tout entier, l'Angleterre, la Belgique, la France, la Suisse, la Hollande, l'Allemagne... Il chanta au micro* de la BBC et enregistra ses premiers disques en Allemagne, sous étiquette Decca. En 1946, il s'installa durant trois ans à New York, où il se produisit dans diverses maisons d'opéra. À la fin de sa carrière, il fut la VOIX du Forum.

SIMONE QUESNEL

Elle possédait une voix de mezzo-soprano fort impressionnante par sa couleur et son brio. Simone Quesnel accéda à la popularité grâce à la radio. Comme soliste et directrice de quatuor, elle fut toujours artistiquement présente. À la fin de sa carrière (elle est décédée en 1986 à l'âge de 91 ans), son école de chant était très bien fréquentée. Elle fut le professeur, entre autres, de Diane Dufresne, Michel Louvain, Jen Roger. Elle était l'épouse du journaliste Henri Poulin.

GEORGES TOUPIN

Cet artiste très aimable mena une double carrière: chant et théâtre. Doté d'une magnifique voix de basse, il excellait dans les rôles de père et de vieillard. Parmi ses grands succès lyriques: Lothario, de l'opéra Mignon, *de Ambroise Thomas.*

160

JOSEPH ROULEAU

Avec sa famille, il a quitté Matane, sa ville natale, pour Montréal. Il suivit des cours de chant entre deux parties de hockey. En participant à un concours à la radio, il déclara: «Si je gagne, je deviendrai chanteur.» C'était en 1949, et depuis, sa puissante voix de basse a été reconnue et applaudie aux quatre coins du monde.

ROBERT SAVOIE

Baryton d'opéra et d'opérette, il a fait carrière des deux côtés de l'Atlantique. Il fut le cofondateur du Grand Opéra de Montréal.

ANDRÉ TURP

Cet ex-ténor des Variétés lyriques partit à l'étranger où il récolta de très beaux succès sur les grandes scènes de Londres, de Milan, de Paris, de New York. De retour au pays, il se consacra à l'enseignement. Il est décédé le 25 février 1991, à l'âge de 65 ans.

LOUIS QUILICO

À la suite de ses humbles débuts dans La Traviata, *chez Daunais et Goulet, en 1951, il est devenu Rigoletto, rôle que ce baryton de talent a chanté plus de 400 fois sur tous les continents.*

RICHARD VERREAU

Né à Château-Richer, près de Québec, il chanta pour la première fois dans le chœur de sa paroisse. En 1945, il fréquenta l'école de musique de l'Université Laval. Boursier du gouvernement provincial en 1949, il se rendit à Paris, parrainé par le réputé Raoul Jobin. Après ses débuts à l'Opéra de Lyon, il poursuivit une carrière internationale. La critique fut unanime: «Ce jeune ténor canadien peut se vanter de posséder l'une des plus belles voix de l'heure!»

MAURICE ZBRIGER ET ERNA SACK

Le compositeur et chef d'orchestre Maurice Zbriger, qui a occupé une place importante dans notre showbiz d'hier, a été interprété par sa grande amie Erna Sack, qui a partagé avec lui le micro de CKAC.

CORBEIL... PÈRE ET FILS

Paul-Émile Corbeil: la plus puissante voix de basse de tous les temps! Son fils Claude a hérité des qualités vocales de son père.

163

GUSTAVE LONGTIN

À la fin de sa carrière de ténor lyrique, il ouvrit à Montréal un cabaret-théâtre prestigieux: Le Quartier latin, sur la rue de la Montagne.

CAMILLE BERNARD

Chanteuse et comédienne, elle forma plusieurs artistes talentueux à son École des petits.

GEORGES DUFRESNE

Père de Yvan et de feu Pierre Dufresne, il est devenu réalisateur à Radio-Canada à la fin de sa carrière de chanteur.

ADRIEN LACHANCE

Vedette fort admirée aux Variétés lyriques, il est parti aux États-Unis pour y poursuivre sa carrière de ténor d'opérette.

AMANDA ALARIE

Elle délaissa sa carrière de cantatrice pour le théâtre. Ses deux filles, Pierrette et Marie-Thérèse, lui succédèrent.

PIERRETTE ALARIE ET
LÉOPOLD SIMONEAU
«MONSIEUR ET MADAME MOZART»

Dans un livre magnifique intitulé Deux voix, un art, publié chez Libre Expression en 1988, l'auteure, Renée Maheu, raconte: «Pierrette Alarie avait déjà conquis le public québécois avant ses débuts au Metropolitan en 1945.»

Léopold Simoneau et Pierrette Alarie se rencontrèrent pour la première fois chez un professeur. Ils se marièrent le 1er juin 1946 et, trois ans plus tard, partirent pour Paris. Dès lors, leur carrière évolua en France, en Italie, en Allemagne, en Angleterre, en Autriche, aux États-Unis. Ils brillèrent sur les plus grandes scènes lyriques comme les plus illustres «mozartiens» de leur glorieuse époque.

CLAIRE GAGNIER

Dès ses débuts en 1942, alors qu'elle sortait à peine de l'adolescence, elle fit déjà sensation. C'est la découverte, la révélation, la «voix de rossignol». CKAC lui confia aussitôt une émission dominicale régulière. Deux ans plus tard, elle remporta le premier prix de Singing Stars of Tomorrow. Elle chanta sous la direction d'éminents chefs d'orchestre dont André Kostelanetz. Partout, son harmonieuse voix de soprano fit merveille. Elle lui a permis de faire une grande carrière qui a inscrit son nom à l'encre d'or.

DENIS HARBOUR

Premier prix des Metropolitan Auditions of the Air, en 1949, cette basse-baryton, natif de Oka, chanta, en une

seule saison, dans 67 des principales villes des États-Unis et du Canada, après ses débuts avec Toscanini. Par la suite, il a acquis une grande popularité radiophonique, notamment comme soliste de la série Sérénade pour cordes.

166

MONIQUE CHAILLER

Comédienne et chanteuse classique, elle étudia l'art dramatique, le chant, le violon et le piano. À trois ans, elle fit ses débuts à la scène et, à neuf ans, à la radio. Elle est la veuve de Paul Dumont-Frenette, de Radio-Canada.

PIERRE VIDOR
(Russell Trépanier)

Sa carrière de ténor d'opéra et d'opérette fut locale. Après avoir quitté la scène, il dirigea plusieurs chorales dont celle de la Fraternité des policiers de Montréal.

167

LES BOULEVARDIERS

La basse David Rochette, le baryton Albert Viau, le ténor François Brunet et Paul-Émile Corbeil, leur directeur.

L'HEURE PROVINCIALE, sur les ondes de CKAC, sous la direction de Henri Letondal, à l'extrême droite. Près de lui, on peut reconnaître Caro Lamoureux et Anna Malenfant.

MARTHE
LÉTOURNEAU
et les ténors
JEAN-PAUL
JEANNOTTE
et
ANDRÉ
CANTIN

169

SYLVIE HEPPEL

Comme soprano lyrique et comme comédienne, elle a particulière-ment brillé à l'opérette.

ANTOINETTE BROUILLETTE
(La dame en noir)

Après une carrière lyrique fort bien remplie, elle forma avec succès plusieurs artistes dont son fils, le pianiste et chef d'orchestre Michel Brouillette.

THÉRÈSE LAPORTE

Avec sa jolie voix et son gentil minois, elle fut une bien adora-ble chanteuse lyrique. On l'a applaudie à Montréal, aux États-Unis, à Paris...

170

LIONEL DAUNAIS

Prix d'Europe en 1926, Lionel Daunais fit ses grands débuts professionnels à l'Opéra d'Alger. De retour au pays, il cofonda le Trio lyrique et les Variétés lyriques, devenant en quelque sorte le plus actif précurseur de la grande période de notre showbiz. Comme chanteur lyrique, auteur et compositeur de chansons, aucun artiste et nul artisan n'a, autant que lui, marqué cette époque.

En avant la musique!

N AVANT LA MUSIQUE ET... bonjour les musiciens! Parce qu'ils œuvrent généralement en
arrière-plan, on a trop souvent tendance à les
oublier. Pourtant, sans eux, le show-business n'existerait pas.

Outre les instrumentistes et les chefs d'orchestre
dont les photos raviveront le souvenir, il y a les autres,
à qui il y a lieu de rendre hommage grâce à cette liste,
forcément incomplète.

Rappelons donc les noms de: Juliette Drouin,
Lucien Martin, André Durrieux, Eddie Sanborn,
Aurette Leblanc, Germaine Janelle, Jean Forget,
Hector Gratton, Phil Ladouceur, Raymond Denhey,
Sévérin Moïsse, Louis Bédard, Albert Roberval, Laure
Choquette, Antoine Maurice, Jean-Paul Delisle,
Jeanne Landry, Colombe Pelletier, Jacqueline Richard,
Marie-Thérèse Paquin, Pierre Beaudet, Ernest
Lavigne, Robert (Bob) Cousineau...

En avant la musique... et bravo à tous nos musiciens!

MAURICE MEERTE

Il a sûrement été le chef d'orchestre le plus visible et le plus présent de l'âge d'or de la radio, des revues de Gratien Gélinas, etc.

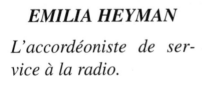

PAUL FOUCREAU

Pianiste et accompagnateur, il a été, avec Henri Letondal, chanteur-duettiste des Deux Copains.

EMILIA HEYMAN

L'accordéoniste de service à la radio.

174

MAURICE DURIEUX

Violoniste et chef d'orchestre, il s'est dirigé vers les variétés, accompagnant ainsi, à la radio comme sur disque, nos grandes vedettes de la chanson.

BIX BÉLAIR

Il fut, entre autres, le chef d'orchestre des grands spectacles du Bellevue Casino.

BILLY MUNROE

Compositeur du succès international When My Baby Smiles at Me, *il devint, notamment, l'accompagnateur de Jacques Normand qui en fit son «fantôme au clavier».*

ALAN McIVER

Musicien et directeur musical de très grande renommée.

176

LIONEL RENAUD

Violoniste classique et chef d'orchestre d'opéra, d'opérette et de variétés.

WILFRID PELLETIER

Fondateur de l'Orchestre symphonique de Montréal.

JEAN GOULET

Belge d'origine, il vint s'établir au Québec en 1906. Violoniste chevronné et de belle culture musicale, il devint le chef d'orchestre du Théâtre National. Au cours de sa longue carrière, il travailla en étroite collaboration avec son fils Charles Goulet.

JEAN DESLAURIERS

Dès l'âge de neuf ans, il étudia le violon. À 16 ans, il fit des tournées au pays et aux États-Unis. Il ne tarda pas à figurer parmi les premiers membres de l'O.S.M. En 1936, il dirigea, à Radio-Canada, la série Sérénade pour cordes, *et le* Théâtre lyrique Molson. *Chef d'orchestre très populaire, il signa la musique des films* Séraphin, Un homme et son péché, Le curé de village, La forteresse... *Au pupitre, on le retrouva dans les grands spectacles lyriques des années 40 et 50.*

… et à la 52ᵉ année
du XXᵉ siècle,
VINT LA
TÉLÉVISION!

Index des noms cités

A

B

M

Z

Ville de Montréal H O

**Feuillet
de circulation**

À rendre le

▶ JAN ✸ 05	
0 3 SEP '05	
16.06.06	

06.03.375-8 (01-03) ✸

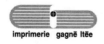

imprimerie gagné ltēe

IMPRIMÉ AU CANADA